BEI GRIN MACHT SICH IHR WISSEN BEZAHLT

- Wir veröffentlichen Ihre Hausarbeit,
  Bachelor- und Masterarbeit

- Ihr eigenes eBook und Buch -
  weltweit in allen wichtigen Shops

- Verdienen Sie an jedem Verkauf

Jetzt bei www.GRIN.com hochladen
und kostenlos publizieren

Bibliografische Information der Deutschen Nationalbibliothek:

Die Deutsche Bibliothek verzeichnet diese Publikation in der Deutschen National-
bibliografie; detaillierte bibliografische Daten sind im Internet über http://dnb.d-
nb.de/ abrufbar.

Impressum:

Copyright © 2016 GRIN Verlag
Druck und Bindung: Books on Demand GmbH, Norderstedt Germany
ISBN: 9783346157355

Dieses Buch bei GRIN:

https://www.grin.com/document/544584

Michael Gärtner

Trainingsplan zur Reduktion des Stresslevels, Senkung des Ruhepulses und Leistungssteigerung einer leicht übergewichtigen Person (20 Jahre, langjährige sportliche Aktivität)

GRIN Verlag

GRIN - Your knowledge has value

Der GRIN Verlag publiziert seit 1998 wissenschaftliche Arbeiten von Studenten, Hochschullehrern und anderen Akademikern als eBook und gedrucktes Buch. Die Verlagswebsite www.grin.com ist die ideale Plattform zur Veröffentlichung von Hausarbeiten, Abschlussarbeiten, wissenschaftlichen Aufsätzen, Dissertationen und Fachbüchern.

Besuchen Sie uns im Internet:

http://www.grin.com/

http://www.facebook.com/grincom

http://www.twitter.com/grin_com

Deutsche Hochschule für
Prävention und Gesundheitsmanagement
Hermann Neuberger Sportschule 3
66123 Saarbrücken

Einsendeaufgabe

Fachmodul:	Trainingslehre 2
Studiengang:	Fitnessökonomie
Datum Präsenzphase:	12.06 bis 14.06.2017
Name, Vorname:	Gärtner, Michael
Studienort:	**Saarbrücken**
Semester:	**Sommersemester 2016**

Inhaltsverzeichnis

1 Diagnose

1.1 Allgemeine und biometrische Daten

Tab. 1: Datensammlung einer fiktiven Person

Alter	20 Jahre
Geschlecht	männlich
Körpergröße	1,87 cm
Körpergewicht	89 kg
Trainingsmotive	Stresslevel reduzieren, Ruhepuls senken, Leistungssteigerung
Berufliche Tätigkeit	dualer Student
Aktuelle sportliche Aktivitäten	Er spielte 15 Jahre lang (4. bis 19. Lebensjahr) Fußball im Amateurbereich. Dort hatte er 3x die Woche a 90 Minuten Training und ein Spiel am Wochenende (90 Minuten); aktuell: 1-mal wöchentlich 30 Minuten Ausdauertraining
Zeitlicher Verfügungsrahmen	Max. 3x pro Woche, max. 60 Min. pro Trainingseinheit (TE)
Blutdruck	127/84 mmHg (normaler Bereich)
Weitere Daten	BMI: 25,5 (leichtes Übergewicht); Ruhepuls: 67 S/Minute; Stresslevel: Stufe 9 (sehr hoch); Brustumfang 99 cm; Taillenumfang 80 cm, Hüftumfang 98 cm, Oberarmumfang: 36 cm, Wadenumfang 38 cm, Muskelmasse 36 kg
Allgemeiner Gesundheitszustand	Gut
Internistische Probleme	Pollen- und Geflügelallergie
Orthopädische Probleme	Nein
Gesundheitliche Einschränkungen	Nein
Einnahme von Medikamenten	Isotret-HEXAL 10 mg Kapseln (1x täglich)

Der Body-Mass-Index (BMI) des Probanden von 25,5 ist etwas zu hoch und liegt daher etwas im Übergewicht. Der Normalbereich liegt zwischen 18,5 und 24,9.

Tab. 2: Klassifizierung des Body-Mass-Index (BMI) (World Health Organization, 2000)

Klasse	BMI (kg/m^2)
Untergewicht	< 18,5
Normalgewicht	18,5-24,9
Übergewicht	25,0-29,9
Adipositas Grad 1	30,0-34,9
Adipositas Grad 2	35,0-39,9
Adipositas Grad 3	> 40

Im Hinblick auf die Belastbarkeit bzw. Trainierbarkeit der Person sollte es mit dem Blutdruck und dem Ruhepuls keine Probleme geben, denn der Blutdruck liegt mit 127/84 mmHg und der Ruhepuls von 67 S/Minute im normalen Bereich. Der Richtwert für den Ruhepuls liegt bei Erwachsenen zwischen 60-80 Schlägen pro Minute (Weineck, 2003, S. 50). Die Umfänge der Brust (101 cm), Taille (80 cm) und Hüfte (98cm) sind ebenfalls gut und fallen keinesfalls negativ auf. Zuletzt liegt der Anteil der Muskelmasse mit 36 kg bei rund 40 % des gesamten Körpergewichts, was auch keinen schlechten Wert darstellt.

Tab. 3: Blutdruckklassifikation der American Heart Association (modifiziert nach Mancia et al., 2013, S. 1286)

	Wertung	Systolischer Blutdruck	Diastolischer Blutdruck
Normblutdruck	Optimal	Unter 120 mmHg	Unter 80 mmHg
	Normal	Unter 130 mmHg	Unter 85 mmHg
	Hochnormal	130-139 mmHg	85-89 mmHg
Bluthochdruck	Stufe 1	140-159 mmHg	90-99 mmHg
	Stufe 2	160-179 mmHg	100-109 mmHg
	Stufe 3	Über 180 mmHg	Über 110 mmHg

Der Stresslevel des Probanden ist hingegen viel zu hoch. Dieser befindet sich auf der Stufe 9 einer festgelegten Skala zur Erfassung des subjektiven Stressempfindens von 0-10. Für sein junges Alter ist das sehr ungewöhnlich, was auch bedeutet, dass der Proband seinen physischen bzw. psychischen Stress schleunigst reduzieren muss. Die Folge von dauerhaftem Stress, könnten gesundheitliche Probleme hervorrufen.

Tab. 4: Skala zur Erfassung des subjektiven Stressempfindens

Stufe/	0	1	2	3	4	5	6	7	8	9	10
subjektives Stressemp- finden		sehr gering		gering		normal		hoch		sehr hoch	

1.2 Leistungsdiagnostik/Ausdauertestung

Für die Leistungsdiagnostik bzw. Ausdauertestung haben wir den Hollmann-Venrath-Test (H&V-Test) gewählt. Dieses Testverfahren wird an einem Fahrradergometer durchgeführt und ist für durchschnittlich bis gut trainierte Personen geeignet. Hier trauen wir ihm eine Belastbarkeit von mindestens 150 Watt zu. Hinsichtlich der langjährigen intensiven sportlichen Aktivität unseres Probanden (4 Einheiten Fußball à 90 Minuten pro Woche), ist dies also eine passende Methode. Da wir im Voraus die Pulsobergrenze festgelegt haben und der H&V-Test ein submaximaler Stufentest ist, können wir das Risiko, dass der Test zu einer Überlastung führt, ausschließen. Mithilfe des Alters, des Geschlechts, der Ruheherzfrequenz und der Einschätzung des Trainingszustandes können wir durch die Voreinstufung des „IPN-Tests" die Pulsobergrenze analysieren. Anschließend stufen wir das Ergebnis anhand Normwerttabellen richtig ein.

Tab. 5: Voreinstufung nach Ruheherzfrequenz und Lebensalter (modifiziert nach Trunz, 2001; IPN, 2004, S. 4)

Alter/ Hf_{Ruhe}	< 20	20-29	30-39	40-49	50-59	60-69	> 70
< 50	140 S/min	135 S/min	130 S/min	125 S/min	120 S/min	115 S/min	110 S/min
50-59	145 S/min	140 S/min	135 S/min	125 S/min	120 S/min	115 S/min	110 S/min
60-69	145 S/min	145 S/min	135 S/min	130 S/min	125 S/min	120 S/min	115 S/min
70-79	150 S/min	145 S/min	140 S/min	135 S/min	130 S/min	125 S/min	120 S/min
80-90	155 S/min	150 S/min	145 S/min	140 S/min	135 S/min	130 S/min	125 S/min

Alter/ Hf$_{Ruhe}$	< 20	20-29	30-39	40-49	50-59	60-69	> 70
> 90 S/min	160 S/min	155 S/min	150 S/min	145 S/min	135 S/min	130 S/min	125 S/min

Tab. 6: Voreinstufung unter zusätzlicher Berücksichtigung der Trainingshäufigkeit (ausdauerrelevanter Aktivitäten) (modifiziert nach Trunz, 2001; IPN, 2004, S. 4)

Trainingszustand	Trainingshäufigkeit/Woche	Stunden/Woche	Aufschlag
gar kein Ausdauertraining	-	-	-
wenig Ausdauertraining	1-2 Einheiten	≤ 1 Std	-
mäßiges Ausdauertraining	2-3 Einheiten	1-2 Std	plus 5 S/min
viel Ausdauertraining	3-4 Einheiten	2-4 Std	plus 10 S/min
sehr viel Ausdauertraining	> 4 Einheiten	> 4 Std.	plus 15 S/min

Nachdem wir beide Tabellen zur Voreinstufung betrachtet haben, ergibt sich für unseren Kunden eine Zielherzfrequenz von 150 S/min (145 S/min plus ein Zuschlag von 5 S/min, da er 2-mal 45 Minuten Ausdauertraining pro Woche betreibt). Diesen Wert benutzen wir auch zugleich als Abbruchkriterium für den nachfolgenden Hollmann-Venrath-Test auf dem Fahrradergometer zur Bewertung der Ausdauerleistungsfähigkeit.

Tab. 7: Hollmann-Venrath-Test im Überblick

Testgerät	Fahrradergometer
Belastungsart	submaximale Belastung, Stufentest
Eingangsbelastung	30 Watt
Belastungssteigerung	40 Watt
Stufendauer	3 Minuten
Trittfrequenz	60-80 U/min
Pulsobergrenze nach IPN	150 S/min (Voreinstufung, vgl. Tab. 5 und Tab. 6)
Abbruchkriterien	Pulsobergrenze (150 S/min) oder Subjektive Beschwerden (Schwindel, Schmerzen, usw.)

Angefangen mit einer Eingangsbelastung von 30 Watt steigern wir alle 3 Minuten die Belastung um 40 Watt. Die Trittfrequenz beträgt den ganzen Test über 60-80 U/min. Wir tragen nach jeder Minute die Herzfrequenz in das Testprotokoll ein. Sollte der Proband die Pulsobergrenze erreicht haben, wird der Test abgebrochen. Darüber hinaus können aus diversen Gründen subjektive Beschwerden auftreten. Bei Anzeichen auf Atemnot, Angina-Pectoris-Symptomatik, oder anderen subjektive Beschwerden, sollte der Test vorzeitig beendet werden (Steinacker, Liu & Reißnecker, 2002, S. 228)

Tab. 8: Testergebnisse des Hollmann-Venrath-Tests

Stufe	Zeit in Minuten	Wattzahl	Herzfrequenz (S/min)
1	1	30	79
	2	30	83
	3	30	86
2	4	70	92
	5	70	96
	6	70	100
3	7	110	105
	8	110	109
	9	110	114
4	10	150	120
	11	150	126
	12	150	130
5	13	190	138
	14	190	140
	15	190	143
6	16	230	150

Der Proband absolvierte den Hollmann-Venrath-Test bis einschließlich Stufe 6. Dabei erreichte er nach 16 Minuten bei einer Wattzahl von 230 seine Zielherzfrequenz bzw. Pulsobergrenze von 150 S/min. Deshalb wurde an dieser Stelle, anlässlich des objektiven Befundes, der Test abgebrochen. Dadurch können wir eine auf das Körpergewicht bezogene Wattleistung (Wattzahl/ Körpergewicht) von 2,58 Watt feststellen. Anschließend ordnen wir diesen Wert in die Norm-Soll-Leistungstabelle bei Männern ein. Da unser Kunde unter 30 Jahre alt ist, können wir der Tabelle entnehmen, dass er momentan eine Ausdauerleistung erbringen kann, die etwas über dem Durchschnitt liegt.

Tab. 9: Norm-Soll-Leistungstabelle bei Männern (modifiziert nach IPN, 2004, S. 8)

Alter/Faktor	<30	30-34	35-39	40-44	45-49	50-54	55-59	60+	Bewertung
0,50	1,45	1,38	1,31	1,23	1,16	1,09	1,02	0,94	- -
0,51	1,50	1,43	1,35	1,28	1,20	1,13	1,05	0,98	- -
0,52	1,55	1,47	1,40	1,32	1,24	1,16	1,09	1,01	- -
0,53	1,60	1,52	1,44	1,36	1,28	1,20	1,12	1,04	- -
0,54	1,65	1,57	1,49	1,40	1,32	1,24	1,16	1,07	- -
0,55	1,70	1,62	1,53	1,45	1,36	1,28	1,19	1,11	-
0,56	1,75	1,66	1,58	1,49	1,40	1,31	1,23	1,14	-
0,57	1,80	1,71	1,62	1,53	1,44	1,35	1,26	1,17	-
0,58	1,85	1,76	1,67	1,57	1,48	1,39	1,30	1,20	-
0,59	1,90	1,81	1,71	1,62	1,52	1,43	1,33	1,24	-
0,60	2,00	1,90	1,80	1,70	1,60	1,50	1,40	1,30	Ø
0,61	2,20	2,09	1,98	1,87	1,76	1,65	1,54	1,43	Ø
0,62	2,40	2,28	2,16	2,04	1,92	1,80	1,68	1,56	Ø
0,63	2,60	2,47	2,34	2,21	2,08	1,95	1,82	1,69	+
0,64	2,80	2,66	2,52	2,38	2,24	2,10	1,96	1,82	+
0,65	3,00	2,85	2,70	2,55	2,40	2,25	2,10	1,95	+
0,66	3,20	3,04	2,88	2,72	2,56	2,40	2,24	2,08	+ +
0,67	3,40	3,23	3,06	2,89	2,72	2,55	2,38	2,21	+ +
0,68	3,60	3,42	3,24	3,06	2,88	2,70	2,52	2,34	+ +
0,69	3,80	3,61	3,42	3,23	3,04	2,85	2,66	2,47	+ +
0,70	4,00	3,80	3,60	3,40	3,20	3,00	2,80	2,60	+ +

Nachfolgend setzen wir den Wert aus Spalte A (vgl. Tab. 9) in nachfolgende IPN-Formel für das Fahrradergometer ein:

$Thf = (220 - \text{Lebensalter} - Hf_{Ruhe}) \times \text{Belastungsfaktor} + Hf_{Ruhe}$

$Thf = (220 - 20 - 67) \times 0{,}60 + 67$

$Thf \approx 147 \text{ S/min}$

Durch die Berechnung mithilfe der oben genannten Formel, konnten wir eine Trainingsherzfrequenz für ein aerobes Ausdauertraining auf dem Fahrradergometer von rund 147 S/min ableiten.

1.3 Gesundheits- und Leistungsstatus der Person

Die Person hat zwar eine Geflügel- und Pollenallergie, welche ihn etwas in seiner Ernährung, aber nicht in seiner Trainierbarkeit einschränkt. Auch durch die Einnahme von Isotret-HEXAL, die er gegen seine Akne nimmt, ist unser Kunde nicht weniger belastbar. Bei einem allgemeinen Gesundheitscheck, dem er sich bei seinem zuständigen Hausarzt unterzogen hat, stellten sich sonst keine weiteren gesundheitlichen Einschränkungen heraus. Der Arzt beurteilte seinen Gesundheitszustand mit gut. Infolgedessen kann der Kunde nun problemlos mit einer zielgerichteten Trainingsplanung beginnen.

2 Zielsetzung/Prognose

Tab. 10: Ableitung von Zielen

Inhalt	Ausmaß	Zeit
Ruhepuls senken	5 S/min	12 Wochen
Stresslevel senken	2 Skalawerte	4 Wochen
Steigerung der Wattleistung im submaximalen Fahrrad-ergometertest	von 2,58 Watt pro Kg auf 3,0 Watt pro Kg	12 Wochen

Im Hinblick auf die in der Teilaufgabe 1 dargestellten Trainingsmotive und gesundheitlichen Voraussetzungen unserer Person, haben wir drei unterschiedliche Ziele festgelegt. Zuerst möchten wir in einem Zeitraum von 12 Wochen den Ruhepuls von 67 S/min auf 62 S/min, also insgesamt 5 S/min, herabsetzen. Ein realistisches Ziel, da eine Senkung von ½ S/min in der Woche möglich ist. Seitdem er von seiner Auslands-Reise zurück ist, hat er hier in Deutschland ein duales Studium begonnen. Neben dem Studium ist er zusätzlich bei einer Frankfurter Agentur als Model unter Vertrag. Durch diese Tätigkeiten ist sehr viel Zeit Management von ihm gefragt, was wiederum auch bedeutet, dass er eine Menge Druck auf seinen Schultern hat. Neben dem physischen Stress, ist er auch einer Menge psychischem Stress ausgesetzt und es fällt ihm sehr schwer, komplett abzuschalten. In dieser Weise könnte er das Ausdauertraining nutzen, um den ganzen Stress für eine kurze Zeit zu vergessen und die Batterien aufzufüllen. Bei dieser Zielsetzung haben wir einen kürzeren Zeitraum von 4 Wochen gewählt, da der erhöhte Cortisol-Wert (Stresslevel) sich auf Dauer negativ auf die Gesundheit (z.B. Herzerkrankung wie Bluthochdruck) auswirken kann (Cesana, Sega, Ferrario et al., 2003, 558 to 563) und eine Veränderung dringend notwendig ist. Hier sollten wir bereits in dem angesprochenen Zeitraum auf der Skala zur Erfassung des subjektiven Stressempfindens (vgl. Tab. 4) 2 Stufen heruntergehen. Diesem Ziel möchten wir also zunächst einmal höchste Priorität widmen, da es aus gesundheitlicher Sicht das größte Risiko darstellt. Sollte der Kunde in den angepeilten 4 Wochen auf die Stufe 7 (hoch) gelangen, legen wir ein neues Ziel fest, sodass er zu einem späteren Zeitpunkt die Stufe 5 (normal) erreicht. Zu guter Letzt soll der Proband in 12 Wochen eine Steigerung der Wattleistung im submaximalen Fahrradergometertest von 2,58 Watt pro Kg auf 3,0 Watt pro Kg erreichen. Dabei erzielen wir noch weitere geniale Trainingseffekte, wie die Fettverbrennung oder der Prävention des Herz-Kreislauf-Systems. Dazu möchten wir ihn wieder langsam an das Ausdauertraining heranführen. Um zu einer allgemeinen Verbesserung der Fitness zu kommen, ist dies ein sehr passendes Ziel. Da er zur neuen Fußball-Saison wieder langsam einsteigen möchte, sollte er mithilfe des genannten Ziels gut vorbereitet sein und allmählich in sein altes Leistungsniveau zurückfinden.

3 Trainingsplanung Mesozyklus

3.1 Grobplanung Mesozyklus

Tab. 11: Grobplanung Mesozyklus

Mesozyklus	
Dauer	6 Wochen
Trainingszielsetzung	- primär: Stressabbau (REKOM-Training) - sekundär: Aufbau und Stabilisierung der Grundlagenausdauer (GA 1)
Trainingsumfang	1-2 Stunden pro Woche
Trainingsmethoden	- extensive Dauermethode - variable Dauermethode - extensive Dauermethode (kurze Dauer)
Belastungsintensität	- 50-60% Hfmax (extensiv, kurze Dauer) - 65-70 % Hfmax (extensiv) - 65-75 % Hfmax (variabel)
Trainingshäufigkeit	3 mal pro Woche

Mesozyklus	
Trainingsdauer	- 25-30 min (extensiv, kurze Dauer)
	- 30-55 min (variabel)
	- 45 min (extensiv)
Ausdauertrainingsgeräte	Crosstrainer, Laufband, Fahrrad

3.2 Detailplanung Mesozyklus

Tab. 12: Detailplanung Mesozyklus

Woche 1	DI	DO	SA
Trainingsziel	Stressabbau (REKOM)	Aufbau und Stabilisierung der Grundlagenausdauer (GA1)	Stressabbau (REKOM)
Trainingsmethode	extensive Dauermethode kurze Dauer)	variable Dauermethode	extensive Dauermethode (kurze Dauer)
Trainingsintensität	50-60 % Hf_{max}	65 % Hf_{max} (extensiv) 75% Hf_{max} (intensiv)	50-60 % Hf_{max}
Trainingsherzfrequenz (Thf)	100-120 S/min	130 S/min (extensiv) 150 S/min (intensiv)	100-120 S/min
Trainingsdauer	25 min	30 min (5:5)	25 min
Ausdauergerät	Crosstrainer	Laufband	Crosstrainer
Woche 2	DI	DO	SA
Trainingsziel	Stressabbau (REKOM)	Aufbau und Stabilisierung der Grundlagenausdauer (GA1)	Stressabbau (REKOM)
Trainingsmethode	extensive Dauermethode (kurze Dauer)	variable Dauermethode	extensive Dauermethode (kurze Dauer)
Trainingsintensität	50-60 % Hf_{max}	65 % Hf_{max} (extensiv) 75% Hf_{max} (intensiv)	50-60 % Hf_{max}

Trainingsherzfre-quenz	100-120 S/min	130 S/min (extensiv) 150 S/min (intensiv)	100-120 S/min
Trainingsdauer	25 min	35 min (5:5)	25 min
Ausdauergerät	Crosstrainer	Laufband	Crosstrainer
Woche 3	DI	DO	SA
Trainingsziel	Stressabbau (REKOM)	Aufbau und Stabili-sierung der Grund-lagenausdauer (GA1)	Stressabbau (REKOM)
Trainingsmethode	extensive Dauermethode (kurze Dauer)	variable Dauermethode	extensive Dauermethode (kurze Dauer)
Trainingsintensität	50-60 % Hf_{max}	65 % Hf_{max} (exten-siv) 75% Hf_{max} (intensiv)	50-60 % Hf_{max}
Trainingsherzfre-quenz	100-120 S/min	130 S/min (extensiv) 150 S/min (intensiv)	100-120 S/min
Trainingsdauer	30 min	40 min (10:10)	30 min
Ausdauergerät	Crosstrainer	Laufband	Crosstrainer
Woche 4	DI	DO	SA
Trainingsziel	Stressabbau (REKOM)	Aufbau und Stabili-sierung der Grund-lagenausdauer (GA1)	Stressabbau (REKOM)
Trainingsmethode	extensive Dauermethode (kurze Dauer)	variable Dauermethode	extensive Dauermethode (kurze Dauer)
Trainingsintensität	50-60 % Hf_{max}	65 % Hf_{max} (exten-siv) 75% Hf_{max} (intensiv)	50-60 % Hf_{max}
Trainingsherzfre-quenz	100-120 S/min	130 S/min (extensiv) 150 S/min (intensiv)	100-120 S/min
Trainingsdauer	30 min	45 min (10:10)	30 min
Ausdauergerät	Crosstrainer	Laufband	Crosstrainer
Woche 5	DI	DO	SA
Trainingsziel	Aufbau und Stabili-sierung der Grund-	Stressabbau (REKOM)	Verbesserung der aeroben Fitness

	lagenausdauer (GA1)		(VO_{2max})
Trainingsmethode	extensive Dauermethode	extensive Dauermethode (kurze Dauer)	variable Dauermethode
Trainingsintensität	65-70 % Hf_{max}	50-60 % Hf_{max}	65 % Hf_{max} (extensiv) 75 % Hf_{max} (intensiv)
Trainingsherzfrequenz	117-126 S/min	100-120 S/min	130 S/min (extensiv) 150 S/min (intensiv)
Trainingsdauer	45 min	30 min	50 min (10:10)
Ausdauergerät	Fahrrad	Crosstrainer	Laufband
Woche 6	DI	DO	SA
Trainingsziel	Aufbau und Stabilisierung der Grundlagenausdauer (GA1)	Stressabbau (REKOM)	Verbesserung der aeroben Fitness (VO_{2max})
Trainingsmethode	extensive Dauermethode	extensive Dauermethode (kurze Dauer)	variable Dauermethode
Trainingsintensität	65-70 % Hf_{max}	50-60 % Hf_{max}	65 % Hf_{max} (extensiv) 75 % Hf_{max} (intensiv)
Trainingsherzfrequenz	117-126 S/min	100-120 S/min	130 S/min (extensiv) 150 S/min (intensiv)
Trainingsdauer	45 min	30 min	55 min (10:10)
Ausdauergerät	Fahrrad	Crosstrainer	Laufband

Anmerkung: Die drei nachfolgenden Faustformeln (ACSM, 1998b, S. 975) wurden zur Berechnung der Trainingsintensität bzw. der maximalen Herzfrequenz (Hf_{max}) und der Trainingsherzfrequenz (Thf) (vgl. Tab. 12 Detailplanung Mesozyklus) verwendet:

Hf_{max} (Laufen & Crosstrainer) = 220 – Lebensalter (+/- 10-12 S/min)

Hf_{max} (Fahrrad) = 200 – Lebensalter (+/- 10-12 S/min)

Thf = Hf_{max} x Intensität in % (ACSM-Formel)

Bsp. DI, Woche 6:

Hfmax = 200 – 20 = 180

Thf = 180 x 0,65 = 117 S/min

3.3 Begründung zum Mesozyklus

In Abhängigkeit von den zuvor definierten Trainingszielen und unter Berücksichtigung des Gesundheits- und Leistungszustand unserer fiktiven Person, haben wir diesen detaillierten 6-wöchigen Mesozyklus ausgearbeitet. Dafür wurde der zeitliche Verfügungsrahmen aufgrund seines dualen Studiums und seiner Nebentätigkeit als Model auf 3 Trainingseinheiten mit einer jeweiligen maximalen Dauer von 60 Minuten pro Woche festgelegt. Da der Kunde unbedingt einmal am Wochenende trainieren möchte, beginnt der erste Trainingstag am Dienstag, gefolgt von Donnerstag und dem letzten Trainingstag am Samstag. Somit hat der Proband zwischen den Trainingstagen immer mindestens einen Tag Pause, der zur Regeneration dienen sollte. Darüber hinaus möchten wir unsere Person zunächst an das regelmäßige Ausdauertraining heranführen und durch zu häufiges Training nicht zusätzlich belasten. In den ersten 4 Wochen liegt der Schwerpunkt auf unserem primären Ziel, dem Stressabbau. Deshalb starten wir vor allem am Anfang mit reduzierter Belastung, um unserem Ziel von Aufgabe 2, der Senkung des subjektiven Stressempfindens um 2 Stufen, näher zu kommen. Die 2 REKOM-Trainingseinheiten am Dienstag und Samstag, mit einem Trainingsumfang von jeweils von 25 bzw. 30 Minuten (kurze Dauer) dienen also hauptsächlich dem Stressabbau und der Gesundheitsförderung (Hottenrott, 2006, S64ff.). Eine weitere Trainingswirkung der extensiven Dauermethode auf kurzer Dauer ist die Absenkung der Ruhe-Herzfrequenz (Hf_{Ruhe}), was in unserem Mesozyklus auch eine Rolle spielt. Die Trainingseinheit am Donnerstag (Woche 1 bis 4) dient der Verbesserung der aeroben Fitness (VO2max) (Zintl & Eisenhut, 2001), also auch indirekt der beschriebenen Zielsetzung der Steigerung der Wattleistung im submaximalen Fahrradergometertest. Der Belastungsumfang von 30 bzw. 45 Minuten sollte den Kunden keineswegs überlasten und zusätzlichen

Stress auslösen. Bei der variablen Dauermethode wechseln wir im 5- bzw. 10-minütigen Takt zwischen der extensiven und intensiven Dauermethode ab. Die Intensitäten liegen dabei bei 65 % (extensiv) und 75 % (intensiv), wobei die extensive-Phase zur Erholung. geplant ist. Auch dieses Training kommt der Stabilisierung des Herz-Kreislaufs-Systems zugute. Ein dadurch resultierendes Be-Entlastungsverhältnis in den ersten 4 Wochen von 1:2 ist zwar eher ungewöhnlich, soll aber das Erreichen der Zielsetzung stark beschleunigen. Im gesamten Mesozyklus entfallen also etwas mehr als die Hälfte auf das REKOM-Training. Nach Ablauf der 4 Wochen sollte das Ziel der Senkung des subjektiven Stressempfindens um 2 Stufen erreicht sein. Deshalb ersetzen wir in Woche 5 und 6 eine REKOM-Trainingseinheit durch ein 45-minütiges Training der extensiven Dauermethode auf dem Fahrrad. Die Auswirkung dieses GA1-Traing soll dem Aufbau und Stabilisierung der Grundlagenausdauer dienen (Neumann et al., 2007, S. 141). Durch die gemäßigte Belastungsintensität von 65-70 % Hf_{max} erstellt der Körper kaum überflüssiges Laktat (ca. 2-2,5 mmol/l). Aufgrund der Belastungsintensität von mindestens 60-65 % Hf_{max} erzielen wir das Prinzip des trainingswirksamen Reizes (ACSM, 2006b). Darüber hinaus verändert sich das Be/ Entlastungsverhältnis in den letzten 2 Wochen von 1:2 auf 2:1. Dadurch erschaffen wir zwischen den Mikrozyklen einen Intensitätswechsel der verschiedenen Trainingsmethoden. Das REKOM-Training wurde nun auf den Trainingstag Mitte der Woche angesetzt. Somit haben wir zwischen den trainingsintensiveren Einheiten einen Tag Pause mehr. Dazu ist unser Proband am Wochenende fitter, da er samstags nicht arbeiten muss und ausschlafen kann. Dadurch kommen wir dem Prinzip des optimalen Verhältnisses von Belastung und Erholung nach. Da der Kunde bei der Trainingshäufigkeit beschränkt war, haben wir nach dem Prinzip der progressiven Belastungssteigerung, den Trainingsumfang bei der variablen Dauermethode wöchentlich um ca. 10 %, also 5 Minuten, erhöht. Bei dem REKOM-Training legten wir ab der 3. Woche eine Erhöhung der Trainingsdauer um 5 Minuten fest. Die Trainingsintensität soll erst im nächsten Mesozyklus zur Erzielung einer optimalen Belastungssteigerung verändert werden. Am Ende haben wir also einen wöchentlichen Trainingsumfang von 130 Minuten und eine Steigerung von insgesamt 50 Minuten zur 1. Woche vorgenommen. Angesichts dem Prinzip der variierenden Belastung, könnte diese Abwechslung der Trainingsmethoden die Fortschritte beschleunigen und die Motivation des Kunden fördern bzw. aufrechterhalten. Auf Grund des erhöhten Stressempfindens unserer Person haben wir den Crosstrainer und das Laufband in Woche 1 bis 4 dem Fahrrad vorgezogen, da der Blutdruckanstieg durchaus geringer ist. Erst ab Woche 5 wurde das Fahrrad integriert, um neue Motivation zu schöpfen. Aus diesem

Grund wechseln wir auch gegen Ende des Mesozyklus in jedem Training das Trainings-gerät. Von dem Fahrrad, über den Crosstrainer bis hin zum Laufband sind viele ver-schiedene Geräte inbegriffen. Darüber hinaus haben wir auch auf die Trainingsmethode bzw. Trainingsintensität bei der Auswahl der Ausdauergeräte geachtet. Da bei der vari-ablen Dauermethode in regelmäßigen Abständen die Intensität verändert werden muss, haben wir uns, aufgrund der individuellen Belastungsdosierung, für das Laufband ent-schieden. Auf Basis des jungen Alters, des verletzungsfreien und gesundheitlichen Zu-stands unseres Probanden mussten wir bei der Auswahl der Ausdauergeräte die Bewe-gungsformen keine Rücksicht nehmen. Aufgrund der langjährigen sportlichen Erfah-rung im Fußball, sollten sich keine koordinativen Schwierigkeiten im Training heraus-stellen.

4 Literaturrecherche – Effekte des Ausdauertrainings bei Übergewicht/ Adipositas

Tab. 13: Effekte beim Grundumsatz nach einer Körpergewichtsreduktion durch extensives Ausdauertrai-ning bei schwergewichtigen Frauen und Männern (Anagnostou, Schaar, 2010, S. 163-196)

Wer hat die Studie durchgeführt?	Vassilis Anagnostou & Bettina Schaar, Institut für Bewe-gungstherapie und bewegungsorientierte Prävention und Rehabilitation, Deutsche Sporthochschule Köln
In welchem Jahr wurde die Studie publiziert?	2010
Mit welchen Versuchs-personen wurde die Studie durchgeführt?	30 adipösen Erwachsenen (16 Frauen, 14 Männer) zwi-schen 18 und 45 Jahren
Wie sah der Versuchs-aufbau der Studie aus?	Alle Versuchspersonen haben ein 26-wöchiges Ausdauer-training absolviert. Die Anforderung der Untersuchung ent-sprachen 3 TE (Nordic Walking, Schwimmen, Aquajogging, Radfahren und funktionsgymnastische Übungen) von je-weils 45-60 Minuten pro Woche. Vor und nach der Untersu-chung wurden Daten der indirekten Kalorimetrie, Körperge-webezusammensetzung und Spiroergometrie ausgewertet.
Welche relevanten Er-gebnisse und Schluss-folgerungen liefert die Studie?	Die Ergebnisse zeigten, dass nach Ablauf der 26 Wochen Frauen und Männer das Körpergewicht (im Durchschnitt ≈ 9 kg), die Körperfettmasse (F: ca. 11%, M: ca. 16%) reduzie-ren konnten. Dementsprechend reduzierte sich natürlich auch der BMI. Bei Männern senkte sich ebenfalls der Ta-ges-Grundumsatz um durchschnittlich ≈ 300 kcal. Gegen-über den Frauen, bewahrten Männer ihre reine Muskelmas-se. Daraus können wir ziehen, dass sich Ausdauertraining positiv auf die Gesundheit und das Körpergewicht adipöser Menschen auswirkt.

Tab. 14: Einfluss eines vierwöchigen Ausdauertrainings auf den Fettstoffwechsel adipöser Jugendlicher (Rothmaier, 2008)

Wer hat die Studie durchgeführt?	Institut für Sportwissenschaft der Johannes Gutenberg-Universität Mainz (Axel Rothmaier)
In welchem Jahr wurde die Studie publiziert?	2008
Mit welchen Versuchspersonen wurde die Studie durchgeführt?	22 adipöse Jugendliche (13 weibliche und 9 männliche) im Alter von 12,5 bis 18,5 Jahren
Wie sah der Versuchsaufbau der Studie aus?	Alle Versuchspersonen haben ein 4-wöchiges Ausdauertraining absolviert. Die Anforderung der Untersuchung entsprach anfänglich 21-minütes Training auf dem Fahrradergometer. Nach einem 5-minütigen Warm-up, mussten die Probanden jeweils 8 Minuten bei einer Intensität von 60% bzw. 75% der W_{max} fahren. Vor und nach der Untersuchung wurden Daten der Person ausgewertet.
Welche relevanten Ergebnisse und Schlussfolgerungen liefert die Studie?	Die Ergebnisse zeigten, dass nach Ablauf der 4 Wochen die Jugendlichen ihre Körpermasse um 6 kg (2 kg Fett- & 4 kg Muskelmasse) reduzieren konnten. Der Verlust der Muskelmasse ist auf einen erhöhten Eiweiß-Verbrauch zurückzuführen. Auch aus dieser Studie können wir entnehmen, dass sich Ausdauertraining positiv auf die Gesundheit und das Körpergewicht adipöser Menschen auswirkt, egal ob es Jugendliche oder Erwachsene sind. Zuletzt können wir festlegen, dass bei Steigerung der Trainingseinheiten, auch die Eiweiß-Zufuhr erhöht werden sollte, um einen Verlust der Muskelmasse zu verhindern.

5 Literaturverzeichnis

Anagnostou, V., Schaar, B.: Effekte beim Grundumsatz nach einer Körpergewichtsreduktion durch extensives Ausdauertraining bei schwergewichtigen Frauen und Männern. In: Gesundheit und Bewegung: Impulse aus Geschlechterperspektive, Bd. 32. Sankt Augustin: Academia (Brennpunkte der Sportwissenschaft, 32), S. 163-196

American College of Sports Medicine (ACSM). (1998b). The recommanded quantity and quality for exercise for developing and maintaining cardiorespiratory and muscle fitness and flexibility in healthy adults. *Medicine Science and Sports Exercise, 30,* 975.

American College of Sports Medicine (ACSM). (2006b). *ACSM's Guidelines for Exercise Testing and Prescription* (7. ed.). Philadelphia: Lippincott Williams & Wilkins.

Cesana G, Sega R, Ferrario M et al. (2003) Job strain and blood pressure in employed men and women: a pooled analysis of four northern italian population samples. Psychsomatic Medicine 65(4): 558 to 563

Hottenrott, K. (2006). *Trainingskontrolle mit Herzfrequenz-Messgeräten.* Aachen: Meyer & Meyer.

Institut für Prävention und Nachsorge (IPN). (2004). *IPN-Test – Ausdauertest für den Fitness- und Gesundheitssport.* Köln: Institut für Prävention und Nachsorge.

Mancia, G., Fagard, R., Narkiewiscz, C., Redon, J., Zanchetti, A., Böhm, M. et al. (2013). 2013 ESH/ESC Guidelines for the management of arterial hypertension. The task force for the management of arterial hypertension oft he European Society of Hypertension (ESH) and of the European Society of Cardiology (ESC). Journal of Hypertension, 31 (7), 1286.

Neumann, G., Pfützner, A. & Berbalk, A. (2007). *Optimiertes Ausdauertraining* (5. Überarb. Aufl.). Aachen: Meyer & Meyer.

Rothmaier, A.: Zur Reliabilität der indirekten Energieumsatzbestimmung über "Meta-Soft Optionen" mit dem MetaMax 3B-System (Firma Cortex) zwecks Analyse des Fettstoffwechsels in Ruhe und während Ergometriearbeit bei adipösen Jugendlichen, Mainz 2008.

Steinacker, J. M., Liu, Y. & Reißnecker, S. (2002). Abbruchkriterien bei der Ergometrie. *Deutsche Zeitschrift für Sportmedizin, 53* (7+8), 228-229.

Trunz, E. (2001). IPN-Test – Ausdauertest für den Fitness- und Gesundheitssport. Köln, Institut für Prävention und Nachsorge.

Weineck, J. (2003). Ausdauertraining. *Trainingssteuerung über die Herzfrequenz- und Milchsäurebestimmung.* Balingen: Spitta.

World Health Organization: FHO/WHO/UNO. (2000). *Obesity: Preventing and managing the global epidemic.* Geneva: Technical Report Series 894.

Zintl, F. & Eisenhut, A. (2001). *Ausdauertraining. Grundlagen – Methoden – Trainingssteuerung* (5. Aufl.). München: BLV Sportwissen.

6 Tabellenverzeichnis